SAINT VINCENT DE PAUL

PANÉGYRIQUE

PRONONCÉ LE 19 JUILLET 1891

DANS LA

CHAPELLE DE LA MAISON-MÈRE DE LA CONGRÉGATION DE LA MISSION

DITE DES LAZARISTES

PAR

M. DEMIMUID

DIRECTEUR GÉNÉRAL DE L'ŒUVRE DE LA SAINTE-ENFANCE

PARIS

IMPRIMERIE D. DUMOULIN ET Cⁱᵉ

5, RUE DES GRANDS-AUGUSTINS, 5

1891

SAINT

VINCENT DE PAUL

SAINT

VINCENT DE PAUL

PANÉGYRIQUE

PRONONCÉ LE 19 JUILLET 1891

DANS LA

CHAPELLE DE LA MAISON-MÈRE DE LA CONGRÉGATION DE LA MISSION

DITE DES LAZARISTES

PAR

M. DEMIMUID

DIRECTEUR GÉNÉRAL DE L'ŒUVRE DE LA SAINTE-ENFANCE

PARIS

IMPRIMERIE D. DUMOULIN ET Cⁱᵉ

5, RUE DES GRANDS-AUGUSTINS, 5

1891

PANÉGYRIQUE

DE

SAINT VINCENT DE PAUL

> *Magnus, et judex, et potens est in honore :*
> *et non est major illo, qui timet Deum.*
> Les grands de ce monde, les magistrats et
> les princes sont en honneur ici-bas : mais nul
> d'entre eux n'est plus grand que celui qui
> craint Dieu. (Eccli., XXIII. 38.)

MONSEIGNEUR[1],

MES FRÈRES,

Le siècle où il a plu à Dieu de faire vivre saint Vincent de Paul, est, à coup sûr, le plus illustre que nous offrent les annales de la France ; c'est peut-être le plus illustre de l'histoire de l'humanité. Où trouver, en effet, une semblable réunion d'hommes supérieurs dans tous les genres, dans les lettres, dans la politique, dans la guerre ? Et ce qui fait le caractère dominant de cette prodigieuse époque, des événements qui la remplissent comme des œuvres qu'elle a produites et des incomparables génies qui en sont la gloire, c'est la grandeur : grandeur qui se répand et se réfléchit partout, jusque dans les moindres détails de la société et dans ces réunions où l'on va chercher d'ordinaire, avec le repos du travail, comme un adoucissement à l'éclat de la vie publique. Tout est grand dans cet âge qu'on a surnommé à bon droit le grand siècle.

Voilà le cadre où la Providence a placé saint Vincent. Il vient au monde à l'aurore de cette merveilleuse époque.

---

1. Sa Grandeur Mgr Fallières, évêque de Saint-Brieuc et Tréguier.

Son berceau est un hameau inconnu des Landes; ses parents, de pauvres paysans, lui confient, dans son enfance, la garde de leur petit troupeau: et cette vie, commencée dans l'obscurité de la plus modeste condition, s'écoule et s'achève dans l'humilité la plus profonde : il veut être le dernier des prêtres de son temps, et il se donne, suivant une expression qui lui est familière, pour le plus « chétif » de ses semblables. Il semble, en vérité, qu'on ne puisse trouver un plus frappant contraste que celui qui apparaît, à première vue, entre cet homme et son siècle.

Cependant, on ne peut presque faire un pas dans ce siècle sans le rencontrer : son nom, son influence, sa main se retrouvent partout; rien ne se fait sans lui pour le soulagement des misères de l'humanité, pour le bien des âmes, pour le service de l'Église et la défense de la foi. C'est qu'il était, en réalité, à la mesure et à la hauteur de cette grande époque, sur laquelle il devait répandre une si pure et si impérissable gloire ; c'est qu'il était grand, lui aussi, d'une grandeur qui ne le cède en rien à toutes celles du monde : *Et nom est major illo, qui timet Deum.* Un homme qui le connaissait bien, qui, durant près de vingt ans, avait pu lire au fond de cette âme et pénétrer dans l'intimité de cette vie, qui, de plus, était digne d'en rendre témoignage et d'en porter un jugement, le Frère Bertrand Ducournau, avait coutume de dire que « M. Vincent était un homme incomparable, et qu'auprès de lui, tous les autres hommes qu'il avait jamais connus, ne lui paraissaient que des demi-hommes ou des pygmées[1] ». Il est impossible de mieux dire ni de rendre mieux l'impression qu'on ressent encore aujourd'hui, en considérant attentivement et de près cette imposante figure de saint : c'est, en effet, l'impression et comme la sensation de la grandeur.

---

1. *Notices sur les prêtres, clercs et frères défunts de la Congrégation de la Mission,* t. I⁽ᵉʳ⁾, p. 426.

Tel est l'aspect sous lequel je voudrais envisager saint Vincent de Paul, ce contemporain du grand siècle, où il est si bien à sa place, et dans lequel il apparaît si grand lui-même par l'esprit, par les vertus, par les œuvres.

Daigne le Seigneur soutenir et inspirer ma parole, afin qu'elle ne soit pas trop indigne de cette solennité, rehaussée encore aujourd'hui par la présence d'un éminent prélat, que saint Vincent doit être heureux de voir, en ce moment, au milieu de ses enfants, lui qui avait tant à cœur la gloire de l'Église, et qui désirait si vivement qu'elle eût toujours à sa tête des pontifes capables, par leur mérite et par leurs vertus, d'être tout à la fois son édification et son honneur.

I

Je ne me le dissimule pas, entreprendre de mettre en lumière le grand esprit de Vincent de Paul, c'est, en quelque sorte, porter un défi au saint lui-même, qui, en toute rencontre, proteste qu'il n'a ni talent ni savoir, qui ne cesse de parler de son ignorance et de sa « sottise », et de répéter qu'il n'est « qu'un écolier de quatrième ». Mais peut-on fermer l'oreille à tant de témoignages, où se résume l'opinion des meilleurs juges du temps et qui s'accordent à déclarer qu'il avait l'intelligence la plus vaste, la plus solide et la plus profonde, que ses connaissances étaient aussi sûres qu'étendues, qu'en dépit de son humilité qui le portait si souvent à garder le silence, sa supériorité se faisait jour malgré lui, si bien que, plus d'une fois, ses interlocuteurs, en le quittant, avaient emporté, disaient-ils, le sentiment de leur petitesse et fait l'aveu que leur esprit n'avait pu suivre le sien jusqu'où il leur avait semblé le voir pénétrer[1] ?

---

1. C'est la pensée, ce sont presque les paroles d'une des premières supérieures de la Visitation de Paris, qu'Abelly qualifie de l'une

Si l'on recherche quelle était la qualité maîtresse de cette rare intelligence, on ne tarde pas à se convaincre que ce qui dominait en elle, c'était cette faculté dont Sénèque a fait un si bel éloge, quand il a dit : « Qu'y a-t-il de plus excellent dans l'homme? C'est la raison; » *In homine optimum quid est? Ratio*[1]; et la raison sous cette forme particulière qui s'appelle le bon sens, le bon sens dont j'oserais dire qu'il est à son tour ce qu'il y a de plus excellent dans la raison elle-même. Une *Logique* célèbre, publiée du temps de saint Vincent, voulant assigner au bon sens la place d'honneur qui lui revient dans la hiérarchie des qualités de l'esprit, dit que toutes les autres ont un usage borné tandis que la rectitude du jugement trouve son application dans toutes les circonstances et dans tous les emplois de la vie : partout et toujours, en effet, dans toutes leurs actions comme dans tous leurs discours, les hommes doivent être « justes, équitables, judicieux[2] ». Mais cette faculté, si nécessaire et d'un usage si universel, qui devrait se trouver toujours, qui se rencontre quelquefois dans les intelligences les plus ordinaires, pour les préserver des erreurs et des fautes où sont exposés tous les hommes, est celle aussi qui met le sceau et comme le couronnement aux dons les plus brillants de l'esprit : sans elle, on peut affirmer qu'il n'est pas d'homme vraiment supérieur ni de génie vraiment complet. D'où vient la supériorité des grands écrivains du dix-septième siècle, et par où l'emportent-ils sur leurs devanciers, pourtant si richement doués, de l'âge précédent? C'est qu'en eux la raison domine toutes les autres facultés, les discipline et les conduit. Trop indépendantes et livrées à elles-mêmes, au seizième siècle, celles-ci n'avaient produit que des œuvres incomplètes; maîtrisées

---

« des plus éclairées et des plus capables de tout l'Ordre ». Abelly, *Vie de saint Vincent de Paul*, l. II, c. VII.

1. Sénèque, ep. 76.
2. *Logique de Port-Royal*, 1er discours.

par le bon sens, au dix-septième, et garanties des faux pas et des écarts, elles peuvent fournir leur course tout entière et atteindre au dernier terme de la perfection. N'est-ce pas le bon sens, en effet, n'est-ce pas la raison qui nous apparaît et nous captive dans ces génies incomparables, pleine de force et de vigueur dans Corneille, pleine d'élévation et d'éclat dans Bossuet, tout étincelante de traits du plus vif esprit et comme attendrie par la plus exquise sensibilité dans Mme de Sévigné?

C'est la raison aussi, c'est le bon sens qui est la marque distinctive de l'esprit de Vincent de Paul, et se fait reconnaître tout d'abord à son éloignement, pour ainsi dire instinctif, pour les opinions nouvelles et extraordinaires; il les fuyait comme les petits esprits les recherchent pour en repaître leur vanité : « Ceux-là seuls, disait-il, marchent sûrement, qui ne s'écartent pas du chemin par où le gros des sages a passé[1]. » Cette droiture et cette justesse d'esprit, il les portait partout, dans tous les détails de la vie pratique, où elles dictaient ses décisions et ses démarches : de là le prix qu'on attachait à son sentiment sur toutes choses et l'empressement qu'on mettait à s'en enquérir, à le lui arracher, en quelque sorte, lorsque cette espèce de passion qu'il avait de se dérober et de se taire l'empêchait de le faire connaître ou de le faire prévaloir. « Pourquoi ne pas tenir davantage à vos avis qui sont toujours les meilleurs? » lui disait un jour une des premières dames des assemblées de charité. C'est aussi ce grand sens et ce jugement parfait qui le font marcher de pair, je ne crains pas de le dire, avec les plus grands esprits de son temps et qui lui assignent une place, et l'une des premières, au dix-septième siècle, parmi les maîtres de la pensée et de la parole. Je touche ici à une gloire qu'on est peut-être surpris de rencontrer en un pareil sujet et qui doit sembler bien frivole auprès

1. Abelly, *op. cit.*, l. I, c. XIX.

de celle qui éclaire à jamais le front de l'un des saints les plus vénérés et les plus aimés de l'Église. Toujours est-il qu'on ne saurait écrire une histoire littéraire de la France de Louis XIV, sans y inscrire le nom de saint Vincent de Paul, et sans y marquer son influence sur l'éloquence de la chaire. Celle-ci était bien déchue, à la fin du seizième siècle, de l'autorité et de l'éclat qu'elle avait reçus des Pères de l'Église. Elle « semblait, dit Massillon, disputer ou de bouffonnerie avec le théâtre ou de sécheresse avec l'école »; et la majesté de la parole sainte était sans cesse déshonorée par un mélange « de termes barbares qu'on n'entendait pas ou de plaisanteries qu'on n'aurait pas dû entendre[1] ». Tout à coup, ces déplorables défauts disparaissent : une nouvelle génération d'orateurs sacrés « substitue l'instruction à une pompe vide et déplacée, la raison aux fausses lueurs, et l'Évangile à l'imagination. Partout le vrai prend la place du faux[2]. » Et si l'on se demande quelle est l'origine d'une si complète et si heureuse réforme, on voit la plupart de ces nouveaux apôtres sortir des conférences du mardi, instituées par saint Vincent et dont il était l'âme, et qui furent, pour le clergé du temps, une école de bon goût non moins que de vertu. Là se réunissait, toutes les semaines, autour du serviteur de Dieu, l'élite des prêtres de la capitale et de la France; là, se rencontraient les Olier, les Abelly, les Godeau, et cet orateur qui devait porter la parole humaine aussi haut qu'elle peut s'élever, qu'aucun génie ne surpasse, que peu égalent en son siècle et dans tous les temps, Bossuet. Ce grand homme n'oublia jamais ces souvenirs, et plus tard, à quarante ans de distance, dans sa lettre célèbre à Clément XI, il se plaît à rappeler que c'est sous la conduite de Monsieur Vincent qu'il a fait ses premiers pas dans la carrière apostolique. Quelle preuve de la

1. Massillon, *Remerciement à l'Académie française.*
2. Id., *ibid.*

supériorité d'esprit et de l'ascendant de l'humble prêtre,
que de voir de tels hommes se réclamer de lui comme de
leur maître, et venir puiser, dans ses leçons et dans ses
exemples, l'idée et les secrets d'une prédication, toute nouvelle alors, qu'ils porteront à leur tour devant les auditoi-
res les plus illustres, et qui, par eux et par leurs imitateurs,
produira tant de modèles accomplis d'une éloquence vraiment digne de la chaire !

Quelle était cette nouvelle rhétorique sacrée qui s'en-
seignait aux conférences de Saint-Lazare ? Nous le savons,
car nous connaissons cette admirable « petite méthode »,
dont saint Vincent de Paul avait fait comme un code de
prédication à l'usage de ses missionnaires, et où il a
résumé toutes ses vues, toute sa doctrine sur la manière
d'annoncer la parole de Dieu. Pour le fond, éclairer
l'esprit, émouvoir la volonté, diriger l'âme enfin dans
l'application pratique des vérités ou dans l'exercice des
vertus qu'on lui a appris à connaître et à goûter. Pour
la forme, s'oublier soi-même, ne penser qu'à l'utilité des
auditeurs et à la gloire de Dieu, s'inspirer des exemples
des apôtres, de ceux du Fils de Dieu lui-même, comme
lui se mettre à la portée de tous et n'orner son discours
que de cette simplicité adorable qui reluit dans les enseignements du divin Maître, et pour laquelle on peut bien
dire que saint Vincent professait un véritable culte, lui
qui se mit à genoux, trois jours de suite, devant un prêtre
trop ami du beau langage, le suppliant de parler simplement,
de renoncer à ses pensées recherchées, à ses périodes choisies
qui ne produisaient aucun fruit et « s'en allaient en fumée », et
lui représentant que « ce n'est point le faste des paroles
qui profite aux âmes, mais la simplicité et l'humilité, qui
attirent et qui portent dans les cœurs la grâce de Jésus-
Christ [1] ». Les exemples du saint venaient merveilleuse-

---

1. Abelly, *Vie de saint Vincent de Paul*, l. III, c. xv.

ment à l'appui de ses avis et de ses préceptes. Rien de plus simple, mais rien de plus fort et de plus touchant que sa parole. Tous les sujets qu'il traitait, même les plus communs, qu'il affectionnait plus que les autres, « il les portait haut [1] », dit avec bonheur le frère Ducournau, et pour la pensée et pour l'expression. Aussi était-on avide de l'entendre : si quelqu'un de ses confrères n'avait pu assister à l'un des entretiens qu'il faisait aux membres de sa communauté, il ne manquait pas, à son retour, de s'informer de ce qu'il avait dit [2], ne voulant rien perdre de ses précieux enseignements ; si, dans une des conférences du mardi, il s'était tu par modestie, les ecclésiastiques, venus presque tous, comme ils l'ont mainte fois avoué, principalement pour l'entendre, s'en retournaient tout contristés. C'est qu'un mot de sa bouche faisait souvent plus d'effet que les discours des plus habiles orateurs [3]; c'est qu'il avait, au souverain degré, le don de faire passer dans l'esprit de ses auditeurs la conviction qui remplissait le sien, dans leurs cœurs les sentiments de piété dont il était tout pénétré ; c'est que, par moments, on se sentait, en l'écoutant, remué jusqu'au fond de l'âme et tout embrasé de dévotion, comme les disciples d'Emmaüs, en écoutant le Sauveur ressuscité [4], tellement qu'au sortir de ces célèbres réunions, un Tronson, par exemple, ne pouvait maîtriser les transports de son admiration et s'en allait répétant avec enthousiasme : « Voilà un homme tout rempli de l'esprit de Dieu. »

Parole qui, en nous révélant le secret de la puissance de saint Vincent sur les âmes, nous découvre en lui une grandeur nouvelle, plus haute encore que celle dont nous avons parlé jusqu'ici.

1. *Notices*, t. I, p. 410.
2. *Ibid.*
3. Abelly, *op. cit.*, t. III, c. 1.
4. Id., *ibid.*, t. III, c. 1 et 2.

Ce n'est pas seulement, en effet, par ses éminentes qualités naturelles que cet esprit était si grand : c'est aussi, c'est surtout par la foi, qui était sa vraie lumière et sa vraie force. Isaïe nous fait voir, dans une saisissante image, à quel point la foi enrichit la raison, et quel incomparable progrès la révélation, en versant ses surnaturelles clartés dans le monde, a fait accomplir à l'intelligence humaine. « Lorsque le Seigneur, dit-il, viendra pour bander les blessures et guérir les plaies de son peuple, la splendeur du soleil deviendra sept fois plus grande, comme si l'on avait concentré la lumière de sept jours réunis, pour en former un seul astre; » *Et lux solis erit septempliciter sicut lux septem dierum, in die qua alligaverit Dominus vulnus populi sui et percussuram plagæ ejus sanaverit* [1]. Telle est bien la merveille qui s'opéra parmi les hommes, lorsque le soleil de l'Évangile se leva sur le siècle le plus poli et le plus éclairé de l'antiquité. Les arts avaient atteint une perfection qu'ils ne devaient pas dépasser; la philosophie elle-même s'était approchée aussi près de la vérité, qu'elle le peut faire sans un secours supérieur : on se serait cru enfin arrivé, après les tâtonnements et les obscurités des âges précédents, à la pleine lumière du grand jour, lorsque tout à coup un rayon inattendu, éblouissant, jaillit de l'Orient et vint faire pâlir toutes ces incomplètes lueurs, comme les étoiles s'éteignent et disparaissent dans la lumière de l'aurore qui monte à l'horizon. Et c'est aussi la merveille qui s'opère en chaque âme, lorsque la foi répand ses divines clartés sur cette raison qu'a reçue tout homme venant en ce monde, et lui apporte cet admirable surcroît de sagesse et de vérité qui, loin de lui faire rien perdre de sa puissance native, donne tout ensemble à son regard plus de sûreté et une portée plus grande.

---

1. Is., XXX, 26.

Or, s'il y eut jamais un homme sur qui la foi exerça pleinement son action, ce fut assurément saint Vincent de Paul. Je ne crois pas qu'il soit possible de trouver une âme dont elle ait pris plus entière possession, ni qui se montre plus pénétrée de ses lumières, plus assujettie à sa conduite. Et ce qui fait que la foi régnait si souverainement en lui, c'est d'abord qu'il avait pris soin d'en approfondir les divins enseignements : son adhésion aux vérités révélées était d'autant plus ferme, qu'elle s'appuyait sur des études plus fortes et plus prolongées. Cet écolier de quatrième était, en effet, un théologien de grande et sûre doctrine. Il ne fit que passer à l'Université de Saragosse. L'esprit de vaine dispute qui y régnait ne pouvait longtemps le retenir, et à la vue de cette poussière d'arguties qui n'était propre qu'à obscurcir la vérité, il ne tarda pas à conclure « qu'il y a beaucoup de choses qu'il importe peu ou point à l'âme de savoir ». Mais à Toulouse l'attendait un enseignement mieux fait pour lui. Là, on le vit, sept années durant, s'appliquer sans relâche à l'acquisition de la science sacrée, et jeter les fondements de ce vaste et solide savoir qui lui permit, dans la suite, de décider, avec autant de netteté que de modestie, toutes les difficultés qui lui étaient soumises, et qui préserva son orthodoxie de toute atteinte, à une époque où la fureur des controverses religieuses fit fléchir, ou tout au moins hésiter, tant d'esprits parmi les meilleurs et les plus éclairés. Cependant, cette inflexible fermeté de sa foi, hâtons-nous de le dire, il ne la devait pas tout entière à ses études et à ses veilles : c'était aussi l'œuvre de Dieu, qui n'enracine jamais plus profondément les vertus dans une âme, que lorsqu'il la livre en butte aux tentations les plus violentes. La foi de saint Vincent devait subir cette épreuve, et être trempée dans les eaux de l'angoisse et du doute. Qui ne connaît cette longue et terrible tentation qu'une prière héroïque, dictée par la plus miséricordieuse charité, attira volontairement sur lui, et qu'un vœu non moins admirable, inspiré aussi par la charité, fit soudainement cesser ? La lutte avait duré près de quatre ans ; mais au sortir de là, il n'y eut plus de place pour l'erreur ou pour le doute dans cette âme, comme investie de la lumière d'en haut, et où il semblait que la vérité fût elle-même descendue pour l'instruire et pour la consoler.

Mais, autant la foi de saint Vincent était ferme et inébranlable, autant sa vie tout entière s'y appuyait comme sur l'unique fondement de toutes ses pensées, de tous ses jugements, de toutes ses résolutions et de toutes ses œuvres. Il était bien ce juste dont parle la sainte Écriture, et qui vit de la foi [1], parce que c'est toujours à sa lumière qu'il se détermine et sous son impulsion qu'il agit. La prudence humaine lui semblait trop courte pour qu'un chrétien pût s'en contenter ; il aimait à répéter que là où elle fait défaut, là commence à paraître la sagesse divine [2] ; et c'est à celle-ci qu'il remontait sans cesse, lorsqu'il avait un parti à prendre ou un avis à donner. Venait-on lui demander conseil : on le voyait, avant de répondre, lever les yeux au ciel, puis les tenir quelque temps fermés, tandis qu'il consultait Dieu dans le secret de son cœur. Et lorsqu'après s'être ainsi recueilli en lui-même, il ouvrait la bouche, souvent il commençait par ces mots : *In nomine Domini* : « Au nom du Seigneur. » C'est bien le Seigneur, en effet, dont il était alors l'interprète, et qui lui dictait ces réponses, si courtes, mais si lumineuses, si appropriées aux besoins les plus intimes de ceux qui l'interrogeaient et qui ne pouvaient les entendre, dit son historien, sans « en demeurer autant étonnés que satisfaits [3] ». Il avait comme un don particulier et une grâce spéciale pour appliquer, en toute rencontre, les

---

1. *Justus autem meus ex fide vivit.* Hebr., x, 38.
2. Abelly, *op. cit.*, l. III, c. xvi.
3. Abelly, *ibid.*, l. II, c. vii.

lumières et les principes de la foi. C'est avec « ces yeux
illuminés du cœur [1], dont parle l'Apôtre, qu'il envisage et
les hommes et les choses. De là cette sérénité imperturba-
ble et si pleine de grandeur, avec laquelle il accueille les
événements, même les moins prévus et les plus fâcheux ;
de là cette charité si remplie de déférence, avec laquelle il
traite les personnes, quels que soient leur caractère et leur
rang. C'est qu'il a percé l'écorce extérieure à laquelle s'ar-
rêtent les regards du vulgaire : « O Dieu ! s'écriait-il, qu'il
fait beau voir les pauvres, si nous les considérons en Dieu
et dans l'estime que Jésus-Christ en a faite [2] ! »

Ainsi s'ennoblit et s'élève tout ce qu'éclaire ce jour surnaturel de la foi, et les objets sur lesquels il se projette, et
plus encore, les intelligences qui l'accueillent et ne veulent
rien voir qu'à sa lumière. C'est ce qui fait, je le répète, la vraie
grandeur de l'esprit de saint Vincent. C'est ce qui marque
d'un incomparable cachet de noblesse et d'élévation ce qui
est sorti de ces lèvres si indifférentes au succès de la parole,
de cette plume si ennemie de la recherche et de l'apprêt.
Dans ce courant si simple d'une pensée accessible à tous,
d'un style qui n'est que l'exact reflet de cette pensée, rien
de bas, rien de vulgaire, et par instants mais se présentant
naturellement et comme de plain-pied, les vues les plus
hautes, exprimées de la plus grande et de la plus noble manière. Ou je n'entends rien au sublime, ou il faut le reconnaître dans les lignes que je vais citer. Le saint écrit à l'un
de ses missionnaires, chargé de surveiller l'exploitation

1. *Illuminatos oculos cordis.* Ephes., 1, 18.
2. « Il disait « qu'ayant lui-même demeuré dans cette famille (de
« Gondy), Dieu lui avait fait la grâce de s'y comporter en telle sorte
« qu'il avait regardé et honoré, en la personne de M. de Gondy, géné-
« ral des Galères, celle de Notre-Seigneur, en la personne de Madame,
« celle de Notre-Dame, et en celles des officiers et serviteurs, domes-
« tiques et autres gens qui affluaient en cette maison, les disciples et
« les troupes qui abordaient Notre-Seigneur. — (Abeily, *op. cit.*, l. I,
c. VII.)

d'une ferme, à la campagne. Il entre avec lui dans les plus humbles détails de sa gestion, puis il ajoute : « Voilà beaucoup de choses pour le temporel ; plaise à la bonté de Dieu que, selon votre souhait, elles ne vous éloignent pas du spirituel, et que son esprit vous donne part à la pensée éternelle qu'il a de lui-même, tandis qu'incessamment il s'applique au gouvernement du monde et à pourvoir aux besoins de toutes les créatures, jusqu'au moindre moucheron. » Quand une âme habite en si haut lieu, son regard a forcément une étendue et une pénétration peu communes. Ne nous étonnons donc point que notre saint ait vu, de si loin et avec une si infaillible netteté, les dangers qu'amenaient à leur suite les funestes doctrines du jansénisme. Si, malgré les efforts opiniâtres de l'altier et remuant Saint-Cyran, ces perfides nouveautés n'ont pu prévaloir en France sur la vraie foi, personne n'y a plus contribué que Vincent de Paul. Nous avons dit qu'on ne saurait écrire une histoire de la littérature française au dix-septième siècle, sans se souvenir de lui; mais comment retracer l'histoire de l'Église à la même époque, sans le nommer, et au premier rang, parmi les défenseurs de la bonne cause? Toute sa vie, l'humble prêtre avait « appréhendé — ce sont ses propres paroles — de se trouver à la naissance de quelque hérésie ». Il avait toujours eu cette crainte, dit-il encore, « d'être enveloppé dans les erreurs de quelque nouvelle doctrine avant que de s'en apercevoir ». La Providence le plaça précisément dans les circonstances qu'il avait tant redoutées, mais pour faire servir au triomphe de la vérité son grand sens et sa foi si pure et si éclairée. Loin de se laisser circonvenir par les artifices de l'erreur, il fut l'un des premiers à la démasquer. Son humilité en rapporte tout l'honneur à Dieu : c'est par un pur effet de la miséricorde divine, déclare-t-il, que son jugement s'est trouvé conforme à celui de l'Église; mais il ne peut s'empêcher d'avouer, en même temps, que c'est avant la définition du Saint-Siège que

« Dieu lui avait fait la grâce de discerner l'erreur d'avec la vérité ». Et cette erreur, il ne fut pas moins courageux et intrépide à la combattre, que prompt à la démêler. Il n'épargna rien, ni lettres, ni démarches, ni exhortations, pour éveiller l'attention du pouvoir, pour ramener les égarés, pour affermir ceux qui chancelaient, pour prémunir et pour éclairer les âmes dont il avait la charge, portant partout, avec l'ardeur de son zèle, cette sûreté de doctrine qu'il devait à ses fortes études et à ses longues méditations [1]. C'est sur ses instances que Richelieu s'alarme des menées de Saint-Cyran, et se décide à agir contre ce sectaire, plus dangereux, disait le ministre, que six armées. C'est sur son choix que sont réunis les docteurs qui vont à Rome, solliciter le jugement du Saint-Siège et provoquer la condamnation des novateurs. Ceux-ci ne s'y trompèrent pas : aussi ne cessèrent-ils de le poursuivre de leur haine et de s'efforcer de le décrier, affectant de prendre au mot les pieuses exagérations de son humilité. Sans eux, saint Vincent eût traversé une vie qui dépasse les limites ordinaires de l'existence humaine, sans rencontrer sur sa route l'inimitié et la persécution. Dieu permit qu'il soulevât contre lui les attaques passionnées des jansénistes, qui ne lui pardonnèrent jamais leur défaite, afin que leur ressentiment fût une preuve nouvelle de la part décisive qu'il avait prise dans la lutte, et que ce témoignage involontaire des ennemis de l'Église vînt encore ajouter à sa gloire.

---

1. Voir la Conférence de saint Vincent de Paul sur la grâce, publiée intégralement, pour la première fois, dans les *Annales de la Congrégation de la Mission*, année 1891, n° 2, et dont il est parlé dans une note du R. P. de Montézon, à l'appendice du t. Ier du *Port-Royal* de Sainte-Beuve, p. 533.

II

Grand par l'esprit, saint Vincent l'est aussi par ses vertus. Mais ici, comment ne pas hésiter devant l'immensité de la carrière qui s'ouvre devant nous ? Comment espérer de la parcourir en entier, et d'épuiser cette partie de notre sujet, sans franchir les limites imposées à un discours ? Vouloir passer en revue toutes les vertus qui ont fait Vincent de Paul si grand, ce serait vouloir énumérer toutes les vertus qui peuvent trouver place dans l'âme d'un chrétien, toutes celles dont Jésus-Christ, l'universel et parfait modèle de toute sainteté, nous a donné l'exemple. Imiter Jésus-Christ, et l'imiter en tout, c'est le but, c'est l'esprit de la Congrégation de la Mission ; c'est la fin que notre saint n'a cessé de poursuivre pour son propre compte, et il y a si pleinement réussi qu'il nous apparaît comme un miroir où se réfléchissent, autant que le comportent les forces humaines, toutes les perfections du divin Exemplaire. Il faut nécessairement choisir. Mais nous le ferons en prenant saint Vincent de Paul lui-même pour guide. Parmi toutes les vertus chrétiennes, en effet, il en est trois qu'il met au premier rang de celles qu'il recommande le plus à ses missionnaires, et qu'il donne à ses filles comme le triple signe auquel on les doit reconnaître, comme le triple caractère qui doit former leur physionomie distinctive : l'humilité, la simplicité, la charité. Trois vertus qui, entre toutes les autres, sont précisément la marque des grandes âmes, l'apanage des natures les plus généreuses et des plus nobles cœurs.

Le monde dédaigne l'humilité, et volontiers il en ferait le lot des esprits étroits et des faibles caractères. Il n'est pas de vertu cependant qui suppose une plus grande force d'âme et plus d'élévation dans l'esprit.

Il faut une force courageuse et persévérante, en effet, à toute âme issue d'Adam, pour être humble. Que chacun de nous s'interroge sincèrement : il se convaincra que l'orgueil est né avec lui ; qu'il subsiste et s'agite encore au fond de lui-même, malgré ses efforts, malgré ses victoires peut-être, au moins d'une manière sourde et latente ; que la dernière racine de ce vice ne le quittera qu'en même temps que la vie. L'orgueil est si prompt à s'emparer des âmes et il s'y attache avec une ténacité si grande, que saint Thomas d'Aquin a pu dire qu'il est le dernier péché de ceux qui reviennent à Dieu, et le premier de ceux qui s'en éloignent[1]. Vérité contre laquelle saint Vincent n'aurait eu garde de s'inscrire en faux. Lui-même, déjà vieilli dans le service du Seigneur, déjà parvenu au faîte de la sainteté, alors que déjà l'on pouvait dire avec le cardinal de La Rochefoucauld : « Si l'humilité était exilée de la terre, on la retrouverait au cœur de Vincent de Paul ; » il devait lutter encore pour se défendre contre les retours offensifs et les surprises de l'orgueil, qui n'avait pas désarmé. Il devait lutter, le jour où on lui annonça qu'un de ses neveux, venu du fond de sa province, demandait à le voir. Son premier mouvement fut d'être contrarié de la visite de ce pauvre paysan, et de vouloir le faire monter secrètement dans sa chambre, pour le dérober ainsi aux regards de sa communauté. Mais ce moment de faiblesse ne servit qu'à mieux faire voir toute la force, tout l'héroïsme du saint ; et sa vertu prit aussitôt une éclatante revanche sur l'infirmité de la nature[2]. Celui qu'il avait envoyé au-devant de son neveu ne l'avait pas encore abordé, que, descendu précipitamment de sa chambre, Vincent vient le prendre lui-même dans la rue, le tient longtemps embrassé, lui prodigue les témoignages de son affection et de sa joie ; puis, l'ayant conduit par la main dans la cour, il le présente à tous ses confrères, qu'il a fait appeler exprès, les lui fait saluer l'un après l'autre, et leur dit en le montrant avec son air emprunté et son costume

---

1. S. Thomas, *Summa theol.*, 2ª 2ªᵉ, q. 162, a. 7.
2. *Virtus in infirmitate perficitur.* II Cor., XII, 9.

de paysan des Landes : « C'est le plus honnête homme de la famille. » Et il dit la même chose, et il le présente de même à toutes les personnes de condition qui, ce jour-là, vinrent le visiter, se parant pour ainsi dire, devant-elles, avec une sainte et sublime ostentation, de la pauvreté des siens et de l'humilité de son origine. Ne se rappelle-t-on pas saint François d'Assise, si vaillant, lui aussi, et si fort dans sa lutte contre lui-même, se montrant un jour, à Rome, sur la place des Saints-Apôtres, revêtu de ces misérables haillons qu'en échange de ses riches habits il vient d'obtenir d'un mendiant ; tout joyeux et tout fier de porter ainsi les livrées de Jésus-Christ, et semblant les offrir à tous les regards comme les trophées de sa victoire sur les penchants de la nature ?

L'humilité est la vertu des âmes fortes ; elle est aussi la vertu des grands esprits. Pourquoi les saints sont-ils les plus humbles des hommes ? C'est qu'à la faveur des lumières supérieures qui les éclairent, ils voient mieux ce que c'est que la perfection, et combien ils en sont encore éloignés. Il y a un idéal de vertu, comme il y a un idéal du beau dans les arts. Un grand artiste, un grand poète n'est jamais pleinement satisfait ni de lui ni de ses œuvres. Il sent trop qu'il n'atteindra jamais à cette beauté suprême, dont son génie peut bien lui donner par instants la vision, mais qu'il reste impuissant à faire passer tout entière dans ses créations les plus achevées. Il en est de même de la perfection morale : elle n'est complètement réalisée qu'en Dieu. Plus un homme s'élève à la connaissance de Dieu et de ses perfections adorables, plus aussi il pénètre dans l'intelligence de ses propres misères et se confond dans le sentiment et dans l'aveu de sa propre faiblesse. La sainteté de Dieu vue en regard des défauts de la créature, tel est le principe de l'humilité des saints : c'était le premier motif sur lequel s'appuyait celle de saint Vincent de Paul ; c'était, pour parler le langage de son historien, « le pivot sur lequel roulaient tous les sentiments qu'il avait de cette vertu et toutes les pratiques qu'il en faisait et conseillait aux autres[1] ». Or, ce motif est si raisonnable que tous les hommes en ont au moins quelque pressentiment. Ils sentent si bien que l'humaine vertu est toujours faillible par quelque endroit, qu'ils ne la conçoivent pas sans l'aveu de sa propre fragilité. Prenez, parmi les saints honorés par l'Église, l'un des plus populaires, l'un de ceux qui ont su désarmer le monde et forcer son admiration : s'il s'était avisé, une seule fois, de dire : « Je suis saint, et il n'y a pas de défaut en moi, » qui ne voit qu'il aurait scandalisé par ce langage tous ceux qu'il avait édifiés par ses vertus ; qu'il aurait perdu pour jamais l'auréole qui couronnait son front ? Un seul homme a osé se lever devant ses semblables, et dans la ferme et sereine conscience de son impeccabilité, leur jeter ce défi : « Qui de vous m'accusera du moindre péché : » *Quis ex vobis arguet me de peccato*[2] ? Mais c'était l'Homme-Dieu, qui, sous l'enveloppe de notre nature et dans l'infirmité de notre chair, portait le foyer divin de toutes les vertus et l'idéal de la sainteté parfaite. Lui seul a pu, sans scandaliser personne ni rien perdre de son prestige, affirmer qu'on ne saurait découvrir aucune tache en son âme, aucune ombre à sa vertu : et ce n'est pas là, pour le dire en passant, une des moindres preuves de sa divinité. Mais si tous les hommes ont comme l'instinct de la fragilité de leur nature, les saints en ont un sentiment plus vif et plus profond, parce que, plus avancés dans la connaissance de Dieu, ils ont des vues plus hautes sur la vraie perfection. De là les pieuses hyperboles de leur humilité. Ils ne s'en tiennent pas à avouer qu'ils sont encore tributaires de la commune misère, et que leurs vertus ne sont pas sans défaillances : leurs vertus mêmes leur semblent autant d'imperfections :

---

1. Abelly, *op. cit.*, l. III, c. xiii.
2. Joan., viii, 46.

ils ne voient en eux que faiblesse et malice, et, comme saint Paul, encore tout ébloui de la vision du ciel, on les entend revendiquer à l'envi la première place parmi les pécheurs : *Peccatores... quorum primus ego sum* [1].

Mais, entre tous, on peut le dire, Vincent de Paul s'est distingué par son ardeur à s'abaisser, et par les soins infinis qu'il a pris pour détourner de lui la louange et l'estime des hommes. A cet égard, les preuves, les citations sont inutiles, tant elles sont familières à toutes les mémoires. D'ailleurs, depuis le commencement de ce discours, n'en avons-nous pas rencontré plus d'une sur nos pas ? Impossible, en effet, d'aborder la vie de notre saint sans voir apparaître quelque trait de cette vertu, qui fut si dominante en lui qu'elle semble avoir laissé son empreinte sur tous ses actes et sur toutes ses paroles. L'humilité, c'est comme le son naturel de cette grande âme : de quelque côté qu'on la touche et qu'on l'interroge, on entend aussitôt l'humilité qui vous répond. Il l'a même poussée si loin et jusqu'à de tels raffinements, que plusieurs ont cru devoir lui en faire un reproche ; comme si, en s'abaissant à ce point, en se mettant au-dessous, je ne dis pas du commun des hommes, mais des plus criminels, mais des démons eux-mêmes, il eût fait trop bon marché d'une réputation qui n'était pas seulement son propre bien, mais aussi celui des disciples qui s'étaient groupés autour de lui, des institutions qu'il avait fondées et qui s'abritaient sous son nom.

Mais il ne pensait pas qu'il pût y avoir de précautions excessives lorsqu'il s'agissait de protéger l'humilité contre les atteintes du vice qui lui est opposé. Il savait que la chute la plus profonde et la plus formidable dont la sainte Écriture ait gardé le souvenir, est celle de l'orgueil. *Quomodo cecidisti de cælo, Lucifer ?* « O Lucifer ! comment donc es-tu tombé du ciel ? » *Qui dicebas in corde tuo : super astra*

---

1. I Tim., I, 15.

Dei exaltabo solium meum; « C'est que tu disais en ton cœur : J'élèverai mon trône à l'égal de celui de Dieu [1]. » Il savait que l'orgueil est surtout coupable, il disait qu'il devient un véritable sacrilège chez ceux qui ont reçu mission de travailler à l'œuvre du Seigneur et qui voudraient Lui dérober quelque part de l'honneur qui n'est dû qu'à Lui seul. Il ne connaissait pas de malheur comparable à celui du prêtre qui se rechercherait lui-même dans le service de Dieu et des âmes : « Il vaudrait mieux, s'écriait-il, être jeté pieds et mains liés parmi les charbons ardents, que de faire une action en vue d'obtenir les louanges des hommes. » Il savait enfin qu'à le bien prendre, c'est l'orgueil qui avilit, et non pas l'humilité, et que l'opinion des hommes, non moins que le jugement de Dieu, finira toujours par abaisser les superbes et par exalter les humbles. En faut-il une autre preuve que cette scène célèbre qui mit aux prises l'orgueil emporté de Saint-Cyran et l'indomptable humilité de Vincent de Paul? Le fougueux sectaire essayait de gagner le saint à son parti et de le convertir à ses erreurs : outré de dépit à la vue de l'inutilité de ses efforts, il en vient aux injures, et, dans l'aveuglement de la colère, s'oublie jusqu'à lui dire : « Vous êtes un ignorant! bien loin de mériter d'être à la tête de votre Congrégation, vous mériteriez d'en être chassé, et je suis fort étonné qu'on vous y souffre. — Hélas! Monsieur, répondit tranquillement Vincent, j'en suis plus surpris que vous, car je suis encore plus ignorant que vous ne pensez, et si l'on me rendait justice, on ne manquerait pas de me renvoyer de Saint-Lazare. » O admirable saint! ô parfait imitateur du Dieu doux et humble de cœur! vous êtes surpris que vos confrères vous tolèrent au milieu d'eux, et vous nous faites comprendre, par là même, pourquoi ils ont pour vous une vénération si profonde, pourquoi ils sont si fiers de vous

1. Is., XIV, 12 sq.

avoir pour instituteur et pour père. Et maintenant, je le demande, de quel côté se trouvent, je ne dis pas l'esprit évangélique et la vertu chrétienne, mais la noblesse de l'âme et la grandeur morale? N'est-il pas vrai que l'humilité de Vincent de Paul achève la défaite de Saint-Cyran, commencée par sa foi? N'est-il pas vrai que l'un, dans le trouble et l'égarement de sa passion, perd, avec le respect d'autrui, le sentiment de sa dignité, et que l'autre, si calme et si maître de lui en face de l'outrage, rencontre — pour lui emprunter une de ses paroles — la vraie grandeur avec la sainteté, dans les profondeurs mêmes de son humilité?

A l'humilité se joignait, en saint Vincent de Paul, la compagne ordinaire de cette vertu, la simplicité.

Celle-ci a trouvé grâce devant le monde. La sainte Écriture dit que le Seigneur se plaît à converser avec les cœurs simples [1] : le goût du monde est le même. Il trouve tant de charme aux manières naturelles et aisées de ceux qui parlent et agissent avec abandon et comme en s'oubliant eux-mêmes, qu'il les préfère, fussent-ils pleins de défauts, à tels autres, remplis peut-être de qualités et de mérites, mais dont tous les discours et toutes les démarches, concertés avec soin, sont l'effet d'un perpétuel calcul et trahissent la constante préoccupation de se faire valoir.

Mais la simplicité chrétienne l'emporte sur celle des mondains, de toute la supériorité des motifs qui l'inspirent. En effet, elle n'est pas le fruit du tempérament et de l'humeur, ou même d'une certaine légèreté de caractère et d'une indifférence plus ou moins réfléchie pour les égards et pour l'estime des hommes. Saint Vincent de Paul l'a admirablement définie, et nous en a révélé toute la grandeur et tout le prix, lorsqu'il a dit qu'elle « nous fait aller droit à Dieu et droit à la vérité, sans faste ni déguisement et sans aucune vue de propre intérêt et de respect humain [2] ».

---

1. *Cum simplicibus sermocinatio ejus.* Prov., III, 32.
2. Abelly, *op. cit.*, l. III, c. xv.

C'est « l'œil simple » de l'Evangile [1], qui n'a qu'un objet en vue et ne connaît pas ces retours inquiets et intéressés sur soi, incompatibles avec cette franchise et cette liberté d'allures qui sont le propre de la vraie simplicité.

Lorsque cette vertu est solidement établie dans une âme, tout s'en ressent, car elle se répand sur tout l'extérieur et marque de son cachet tout l'homme et sa vie tout entière. « Si la vanité change tout, dit Bossuet [2], le visage, le regard, le son de la voix, car tout devient instrument de vanité, ainsi la simplicité doit tout régler. » Elle règle la conduite et les actions : « Allons droit, disait souvent saint Vincent aux siens, agissons loyalement et équitablement [3]. » Elle règle les pensées et les discours. On ne peut se tromper à ses paroles. « Cela est, cela n'est point [4] ; » elle s'en tient là, selon le précepte du divin Maître, et « le mensonge — nous citons encore Bossuet — ne trouve point de place dans une expression si simple [5] ». Ainsi parlait Vincent de Paul, toujours droit et loyal, dédaignant de s'abaisser aux déguisements et aux artifices de la duplicité ; mais autant il était éloigné de la fausse prudence de la chair, autant il était rempli de la vraie prudence des enfants de Dieu : « s'il disait sincèrement les choses comme il les pensait [6] », il savait fort bien taire ce qui aurait pu choquer ou contrister le plus petit de ses frères, ce qui aurait pu porter le moindre préjudice aux intérêts du bien, et tous ses discours présentaient, ajoute Abelly, « un juste mélange de prudence et de simplicité [7] ».

Mais il est une autre sorte de mensonge, que la simplicité

1. Math., vi, 22.
2. Bossuet, *Panégyrique de saint Sulpice*, 2e point.
3. Abelly, *op. cit.*, l. III, c. xvii.
4. Math., v. 37 : *Sit autem sermo vester : Est, est ; non, non.*
5. Bossuet, *Méditations sur l'Évangile*, sermon de Notre-Seigneur sur la montagne, 16e journée.
6. Abelly, *op. cit.*, l. I, c. xix.
7. Id., *ibid.*

évangélique ne condamne pas moins et qu'elle exclut tout autant que celui des paroles. Dans son désir de donner le change et de se tromper lui-même sur sa réelle petitesse, l'homme appelle à son secours les objets du dehors : il s'entoure, il s'enveloppe de luxe et de magnificence; ces nombreux domestiques, ces somptueuses demeures, ces riches habits sont autant de masques dont il s'efforce de couvrir sa misère. Le vulgaire s'y trompe : tant de pompe lui en impose, tant d'éclat l'éblouit, et il ne manque pas de s'écrier : « Voilà les heureux, voilà les grands[1] ! » Mais l'esprit chrétien n'est point dupe de ce faste extérieur qui, toujours étranger à l'homme, ne peut ajouter un pouce à sa taille. Loin de s'étendre et de se dilater, comme il le croit trop souvent, à l'aide de toutes ces brillantes superfluités qu'il amasse autour de lui, c'est au contaire en s'élevant au-dessus d'elles, c'est lorsqu'il s'en déprend et les dédaigne, qu'il devient vraiment grand. Il y a près de vingt ans, un vieil évêque, athlète célèbre des luttes religieuses de ce temps, prenait quelques jours de repos dans une paisible solitude des bords de la Loire, où il aimait à se préparer à de nouveaux combats. Un prêtre d'Orient se présente, un jour, pour le voir; il est introduit dans la chambre du prélat. Sur le seuil, il s'arrête, visiblement étonné, interrogeant du regard ces murs, ce mobilier, tout cet ensemble qui rappelait si bien la cellule d'un séminariste; et après l'audience, lorsqu'il eut pris congé de celui qu'il était venu visiter de si loin, encore sous l'impression de la surprise, il dit au vicaire général qui le reconduisait : « Je m'attendais, avec mes idées d'homme de l'Orient, à rencontrer l'illustre évêque d'Orléans dans la splendeur et l'opulence. A présent que j'ai vu sa simplicité, je le trouve encore plus grand[2]. »

---

1. Bossuet, *Panégyrique de saint Sulpice*, 2ᵉ point.
2. Mgr Lagrange, *Vie de Mgr Dupanloup*, t. III, p. 375.

Ce genre de grandeur n'a pas manqué à saint Vincent de Paul. Les honneurs étaient venus le trouver, malgré le soin qu'il mettait à les fuir : mais il se montra supérieur aux honneurs, qui ne modifièrent en rien ses habitudes et son genre de vie, non plus que ses sentiments et ses manières. « Monsieur Vincent est toujours Monsieur Vincent, » disait un pieux évêque qui le retrouvait, dans l'éclat de la faveur et du crédit, tel qu'il avait toujours été, aussi humble dans son langage, aussi simple, aussi pauvre dans sa mise, d'un abord aussi facile et aussi bienveillant. Il paraissait au Louvre, avec l'attitude et avec le visage qu'il devait avoir au milieu des esclaves de Tunis ou sur le banc des forçats de Marseille, et il ne quittait pas, pour se rendre au conseil de conscience, la soutane rapiécée qu'il portait dans sa cellule ou dans ses visites chez les pauvres.

Mais tant de simplicité et de modestie ne faisait qu'ajouter au respect que lui attiraient ses vertus et son mérite. Moins il avait l'esprit du monde, cet esprit dont il redoutait si fort la contagion pour les siens [1], plus il plaisait au monde et s'en faisait estimer ; moins il avait l'air et les manières de la cour, plus il y semblait à sa place, avec « cette modestie pleine de dignité [2] » qu'on admirait en lui et qui témoignait d'un rare discernement et comme d'une espèce de tact surnaturel, fruit de son humilité et de son esprit profondément sacerdotal. Que Mazarin plaisante à la vue de ses vêtements tout usés et essaye de faire rire aux dépens de sa ceinture déchirée ! Condé est mieux inspiré lorsqu'il veut faire asseoir l'humble prêtre à ses côtés, et qu'aux résistances, je dirai presque au scandale de son humilité qui s'écrie : « Quoi ! Monseigneur, c'est déjà trop d'honneur que Votre Altesse veuille bien me souffrir en sa présence ; mais me faire asseoir auprès d'elle ! ignore-t-elle donc que

1. Abelly, *op. cit.*, l. II, c. vii et x.
2. Le mot est de Le Pelletier.

je suis le fils d'un pauvre villageois? » il répond par le vers du poète : *Moribus et vita nobilitatur homo;* « C'est la vertu, c'est la dignité de la vie, qui fait la vraie noblesse; » honorant, pour ainsi dire, en lui et dans sa simplicité même, une grandeur qui n'est pas celle du monde et qui lui est bien supérieure.

La charité y venait mettre le sceau, en ajoutant un dernier trait à l'incomparable beauté de l'âme de notre saint : la charité, la première de toutes les vertus : *Major autem horum est charitas*[1]; la plus divine aussi : *Deus charitas est*[2].

Sans doute, il y a égalité parfaite, identité même entre les attributs de Dieu, et, dans l'indivisible essence de l'Être suprême, ils ne font qu'un entre eux comme avec elle. Mais, incapable de les saisir par un seul acte, dans leur riche et vivante unité, notre esprit les distingue, les isole l'un de l'autre, dans ses conceptions et dans ses discours : ce n'est qu'à ce prix qu'il peut s'en faire une idée, comme aussi les définir et les célébrer.

Or, parmi toutes ces perfections qui sont en Dieu, qui sont Dieu même, s'il en est une que notre amour et notre culte mettent pour ainsi dire à part et au-dessus de toutes les autres, qui, plus que toutes les autres, ravisse notre cœur et nous fasse en même temps ployer les genoux dans un mouvement de religieuse et profonde adoration, c'est à coup sûr la bonté. Et ce charme, cet empire de la divine bonté sur nos âmes, ne vient pas seulement de ce qu'elle les rassure, de ce qu'elle fait succéder en elles la confiance à la crainte. Elle ne se borne pas à rapprocher de nous le Tout-Puissant, à nous le rendre moins redoutable et plus familier : elle nous fait mieux comprendre son incomparable grandeur, et combien il est supérieur à tout, lui de qui tout procède et tient l'être et la vie. C'est en effet à l'amour de Dieu que nous devons tout ce que nous sommes,

---

1. I Cor., XIII. 13. — 2. I Joan., IV, 16.

que nous devons tout ce qui existe ; à cet amour véritable et parfait, infiniment gratuit et bienfaisant, celui que saint Augustin a si admirablement dépeint ; non pas l'amour qui monte vers plus haut que soi, mais celui qui s'incline et qui descend ; non pas celui qui vient de misère, mais celui qui vient de miséricorde ; l'amour enfin qui coule de source et qui s'épanche par l'effet de sa propre plénitude, et non celui qui sort de lui-même, comme pressé par son indigence[1]. Ce n'est pas l'intérêt ou le devoir qui l'inspire, encore moins la nécessité qui l'aiguillonne ; la beauté, la puissance, la vertu, la richesse, aucun bien, aucun attrait n'a d'influence sur lui, puisqu'il est antérieur à tout attrait, à tout bien créé. Bien plus, il n'a pas besoin d'agir et de se produire au dehors pour être ce qu'il est, c'est-à-dire l'amour suprême, la bonté infinie, parfaite ; cette bonté se suffit à elle-même et vit d'elle-même, s'épanchant nécessairement dans l'océan sans bornes de l'essence divine.

A ce degré et dans cette perfection, elle est assurément incommunicable. Mais Dieu, qui nous a créés à son image et a laissé tomber sur nous comme un reflet de ses qualités adorables, n'a pas oublié la plus aimable d'entre elles ; on peut même dire qu'il a voulu qu'on nous reconnût surtout à ce trait pour ses enfants, et que c'est par ce trait qu'il a commencé sa ressemblance en nous ; car, « lorsqu'il forma le cœur et les entrailles de l'homme, il y mit premièrement la bonté comme le propre caractère de la nature divine et pour être comme la marque de cette main bienfaisante dont nous sortons[2] ». Et plus un homme est vraiment grand, c'est-à-dire semblable à Dieu, plus aussi est vive et profonde en lui cette empreinte de la divine bonté, plus il se montre sensible et bienfaisant, plus on le voit ardent à travailler au bonheur de ses frères, prompt à s'émouvoir de leurs

---

1. Saint Augustin, *De catechizandis rudibus*, n° 7.
2. Bossuet, *Oraison funèbre du prince de Condé.*

maux ; car elle est admirablement vraie cette pensée d'un moraliste célèbre du siècle de Louis XIV : « Une grande âme est au-dessus de l'injure, de la douleur, de la moquerie, de l'injustice, et elle serait invulnérable si elle ne souffrait par la compassion[1]. »

Mais, en lisant ces lignes, ne songe-t-on pas involontairement à notre saint, et fut-il jamais un homme qui, mieux que Vincent de Paul, reproduisit dans sa conduite et dans ses sentiments l'image de la charité infinie et de la souveraine miséricorde ? C'est bien à lui que convient cette parole qui fut dite d'un saint religieux de nos jours : « Ce n'est pas un homme, c'est un cœur[2], » un cœur toujours prêt à la pitié et au dévouement, qui ne se bornait pas à plaindre les malheureux, mais qui savait souffrir avec eux, entrant lui-même dans leurs peines et les faisant siennes, au point qu'on le voyait changer de couleur au récit de leurs infortunes, et exprimer par son visage abattu, par son attitude désolée, la compassion dont il était rempli[3]. Dès son enfance, il eut ce don de compatir à la souffrance et de se sacrifier pour elle, et il pouvait bien dire, comme l'antique patriarche, que la miséricorde était née avec lui[4]. Faut-il rappeler ces poignées de farine ou ces trente sous, toute sa fortune, donnés avec une si naïve et si émouvante générosité sur la route de Pouy ? Et cette charitable compassion le suivit jusqu'à la fin de sa vie, se trahissant souvent par des actions ou par des paroles qui font venir les larmes. Un jour, il faisait sa visite habituelle à l'hospice des Enfants trouvés ; on lui annonce qu'un de ces pauvres petits êtres vient de mourir. « Ah ! s'écrie le saint en pleurant et la voix altérée par la douleur, c'est un ange, mais il est bien dur de ne plus le voir ! »

---

1. La Bruyère, *Caractères*, De l'homme.
2. Parole du Père de Ratisbonne à propos du Père de Villefort.
3. Abelly, *op. cit.*, l. III, c. xi.
4. Job, xxx, 18.

Il n'y a qu'une grande âme pour trouver de tels accents, et ce n'est que dans les natures d'élite que Dieu a creusé des sources si profondes de miséricorde et de religieuse tendresse. Mais parfois ces cris du cœur, où se révèlent les âmes que Dieu a spécialement destinées à représenter sa bonté sur la terre, ont une portée plus haute et les élèvent tout à coup au niveau et même au-dessus des esprits les plus vigoureux et des plus fermes génies. « Les grandes pensées viennent du cœur [1], » dont les inspirations l'emportent souvent sur les conceptions les plus hardies des intelligences les plus vastes. Un homme s'est rencontré, au siècle de saint Vincent, d'une pénétration d'esprit et d'une hauteur de vues sans égales, qui a montré une telle profondeur dans ses desseins, une telle persévérance dans leur poursuite, une telle décision et une telle force dans leur exécution, qu'il semble s'élever sans rival sur le théâtre du monde, et qu'on a pu dire que « les plus grands politiques souffrent de lui être comparés [2] ». Dans l'année 1640, Richelieu mettait la dernière main à son œuvre et à sa gloire, et achevait « sa vie pleine de merveilles [3] » ; on était au plus fort de cette sanglante et éternelle guerre de Trente ans, que son implacable génie avait rallumée, alors qu'elle était près de s'éteindre. Touché des maux sans nombre dont souffraient les provinces visitées par le fléau de la guerre, et n'obéissant qu'à sa charité, qui parut imprudente cette fois, Vincent de Paul vient trouver le grand cardinal, et, se prévalant de l'estime et de la confiance qu'il lui avait souvent témoignées, commence par lui représenter, avec respect et ménagement, les souffrances des peuples, les désordres et les crimes qui se multipliaient au préjudice des âmes et contre l'honneur de Dieu ; puis tout à coup, dans

---

1. Vauvenargues, *Réflexions et Maximes*, 127.
2. La Bruyère, *Caractères*, Du souverain et de la république.
3. Bossuet, *Oraison funèbre de Michel Le Tellier*.

un élan sublime de compassion pour ces misères dont il se faisait l'avocat et qui se retraçaient plus vivement à son esprit à mesure qu'il les passait en revue, il se jette aux pieds du ministre et s'écrie, la voix remplie de larmes : « La paix ! Monseigneur, donnez-nous la paix ! Ayez pitié de nous ; donnez la paix à la France ! » A cette vue, Richelieu est ému, et cet homme, si entier, si impatient de la contradiction, se trouble, hésite, et, d'un ton qui trahit son embarras : « La paix, répond-il, moi aussi, Monsieur Vincent, je la désire, je travaille à l'établir ; mais elle ne dépend pas de moi seul. » Scène incomparable, où l'on voit le génie de la charité [1] se mesurer, en quelque sorte, avec le génie de la politique ! Et qui donc n'a pas pris parti pour le premier, parmi tous ceux qui, depuis deux siècles et demi, ont pu lire le récit de ce pathétique entretien ? Qui donc, sans même se demander si Vincent de Paul n'a pas été aussi le plus clairvoyant et n'a pas puisé, dans son cœur, plus de lumières que Richelieu n'en trouvait dans sa haute raison, sur les vrais intérêts de la France et sur l'avenir de l'Europe, qui donc n'a pas senti que, de ces deux grands hommes ainsi en présence, le plus grand, parce qu'il est le plus humain, fut, cette fois, celui qui défendait si intrépidement la cause des opprimés et des faibles ? Ce n'est pas tout : ne fut-il pas aussi le plus fort, un moment seulement, il est vrai ; et, quoiqu'il n'ait rien changé au cours des événements, n'a-t-il pas fait, un moment, fléchir cette volonté si opiniâtre, cet esprit si altier, qu'on vit ébranlés et comme déconcertés par la plainte éloquente de ce grand cœur, ou plutôt de la France elle-même, de la France souffrante et meurtrie, demandant pitié et merci par la bouche de l'un de ses plus dignes et de ses plus nobles enfants ?

---

1. II Cor., VIII, 8 : *Charitatis ingenium.*

III

Les vertus dominantes de saint Vincent sont de celles qui donnent à un homme un caractère particulier de noblesse et d'élévation, et, par là, elles le mettent merveilleusement à l'unisson du siècle où il vécut, et qui fut celui des grandes âmes : il l'honorait déjà par ses éminentes qualités d'esprit ; il en est encore une des meilleures gloires par ses œuvres.

Ce qui frappe tout d'abord, ce qui, en même temps, étonne et confond, quand on considère les œuvres accomplies de son vivant par Vincent de Paul, c'est leur nombre. Comment un seul homme a-t-il pu les entreprendre et les achever ? Comment une seule vie a-t-elle pu y suffire ? Tous les âges, depuis la plus tendre enfance jusqu'à l'extrême vieillesse, toutes les misères et toutes les souffrances, celles de l'âme aussi bien que celles du corps, ont appelé son attention, ému son cœur, provoqué les efforts de son zèle, et il n'est pas une forme de la charité chrétienne qui ne se retrouve dans quelque œuvre ou dans quelque institution créée par ses mains ou éclose sous son inspiration.

Ce qui n'est pas moins prodigieux, c'est qu'il a fait tout cela comme à son insu, sans y penser, sans avoir rien prévu ni prémédité des merveilles qu'il semait ainsi sur ses pas. Jamais homme ne fut plus éloigné des grands desseins et des vastes entreprises. Il ne fit, croyons-nous, qu'un projet dans sa vie : c'était, jeune prêtre encore, d'obtenir un modeste bénéfice qui lui donnât « le moyen de faire une honnête retraite, pour employer le reste de ses jours auprès de sa mère [1] ». Du reste, vivant au jour le jour, on ne le voit guère étendre ses pensées dans l'avenir. Il est curé de Clichy : le territoire de son humble paroisse est tout son horizon. Pourquoi porterait-il ses regards plus loin ? Il est

---

1. *Lettres de saint Vincent de Paul*, t. I, p. 14.

plus heureux que l'archevêque de Paris, plus heureux que le Pape, ayant un si bon peuple, si docile et si obéissant [1]. Lorsque la Providence l'a transporté à Châtillon-les-Dombes, il se donne tout entier à son nouveau troupeau, et compte bien ne jamais le quitter.

Mais c'est précisément parce qu'il ne pense à rien qu'à faire, jour par jour, heure par heure, la volonté de Dieu ; c'est parce qu'il est libre de toute vue, de toute préférence personnelle et détaché de tout, c'est pour cela qu'il est un instrument toujours prêt, au service de la Providence. Qu'elle suscite devant lui la moindre occasion de faire un peu de bien, il l'embrasse sans hésiter ; et comme il se dévoue sans réserve à tout ce qu'il entreprend ainsi, sans calcul et sur l'appel de Dieu ; comme il le poursuit jusqu'au bout, sans découragement et sans fatigue, le plus petit incident, le plus fortuit en apparence, et le plus indifférent, devient entre ses mains le point de départ d'une grande œuvre, d'une création merveilleuse, féconde en bienfaits pour l'humanité et qui sera une gloire nouvelle pour l'Eglise. Il est appelé, un jour, dans un petit village de Picardie, au chevet d'un pauvre vieillard agonisant, dont il entend la confession générale : et il va inaugurer les missions dans les campagnes. On le prie, lorsqu'il était curé de Châtillon, de recommander à la compassion de ses paroissiens une famille du voisinage, que la misère et les maladies ont réduite à la dernière extrémité : et il va organiser la première confrérie de la Charité. Il s'entretient, une autre fois, avec un pieux évêque, des désordres que le malheur des temps avait introduits dans le sanctuaire, et des moyens les plus propres à lui rendre toute sa splendeur : et il va ouvrir les premiers exercices des ordinands. Puis, chacune de ces œuvres appelle à son tour d'autres œuvres, qui la déve-

---

1. *Conférence de saint Vincent aux Filles de la Charité*, 27 juillet 1653.

loppent et la perfectionnent, et le saint voit sans cesse grandir le cercle de ses travaux et de ses créations. Ce premier
essai de prédication populaire, si modestement tenté dans
la chaire de Folleville, fera naitre bientôt dans l'Église une
congrégation nouvelle, et donnera le branle à un immense
mouvement d'apostolat, destiné à ranimer la foi et à répandre l'instruction dans le peuple. Cette pieuse confrérie de
Châtillon-les-Dombes sera le grain de sénevé d'où sortira
un arbre capable d'abriter sous ses branches innombrables
toutes les détresses, toutes les douleurs, toutes les déchéan-
ces humaines, et, pour le service de tant de misères, pour
l'entretien de tant d'établissements, on verra se former et
se multiplier comme par miracle, à côté de charitables
associations de femmes et d'hommes du monde, cette angé-
lique armée qui est une des meilleures forces, une des plus
belles parures de l'Église catholique. Enfin, le bien, commencé dans les exercices des ordinands, se renouvellera
dans les conférences ecclésiastiques, s'affermira en se perpé-
tuant dans les séminaires, et celui qui était déjà l'apôtre du
peuple, la providence des pauvres et des affligés, le fondateur et le père de deux grandes familles religieuses, sera
l'un des maitres les plus influents du clergé, l'un des plus
puissants restaurateurs de la discipline sacerdotale et de
l'honneur du temple.

Lorsque, du sommet ou il était ainsi parvenu, saint Vincent, chargé d'œuvres et d'années, embrassait du regard
une si étonnante succession de prodiges, il se croyait le
ouet d'un songe [1]. « Qui m'eût dit cela pour lors, s'écriait-
il en se reportant aux humbles commencements de si grandes choses, j'aurais cru qu'il se serait moqué de moi. » Et
il concluait qu'il n'était pour rien dans ce qui dépassait à
ce point toutes les prévisions humaines et n'était jamais,
d'ailleurs, « tombé en son esprit »; que Dieu avait tout

---

1. Abelly, op. cit., l. I, c. 48.

fait, et s'était seulement « servi de sa boue pour lier les pierres de ces édifices ».

Sans doute, l'intervention de Dieu peut seule expliquer de telles merveilles ; mais Dieu n'agit d'ordinaire ici-bas qu'avec le concours des hommes. Saint Vincent croyait n'avoir aucune part à tout ce qui s'était accompli sous son nom ; mais n'était-ce rien que cette docilité attentive et empressée avec laquelle il reconnaissait la volonté de la Providence et se rendait à ses ordres, retraçant admirablement en lui la soumission comme aussi les victoires de cet homme obéissant, dont la sainte Écriture a fait l'éloge, en lui promettant le succès de ses entreprises[1] ? N'était-ce rien que ce zèle insatiable qui prenait sa source dans un amour de Dieu et des âmes, si vif et si ardent que le saint ne pouvait entendre un blasphème ou apprendre la mort d'un pécheur impénitent sans éclater en sanglots ; qui lui inspirait de si touchants scrupules, lorsque ses devoirs de supérieur, le forçant d'interrompre quelque mission, le rappelaient à Paris, et qu'il lui semblait, « en approchant, que les portes de la ville dussent tomber sur lui et l'écraser », pour le punir d'avoir si lâchement abandonné ces pauvres gens qu'il croyait voir tendre les mains vers lui et réclamer le secours de sa parole et de son ministère ; qui enfin lui donnait la force, à l'âge de près de quatre-vingts ans, de s'associer encore aux labeurs de ce pénible apostolat des campagnes, et, quand il se vit obligé par les infirmités d'y renoncer tout à fait, lui faisait dire qu'il enviait le bonheur de ses missionnaires, et qu'il estimerait comme une grande grâce que Dieu lui permît « d'aller finir sa vie auprès d'un buisson, en travaillant dans quelque village » ? N'était-ce rien que cette confiance intrépide en Dieu, qui le portait parfois à des entreprises si audacieuses, qu'elles lui attiraient les remontrances de ses amis et les censures du monde ? Mais, prudent

---

1. Prov., XXI, 28 : *Vir obediens loquetur victoriam.*

jusqu'à l'excès tant qu'il n'était pas pleinement convaincu de la volonté de la Providence, dès qu'il l'avait reconnue, il devenait saintement téméraire, ne craignant plus les charges pour sa maison, les fatigues et les périls pour les siens ou pour lui, dédaignant d'autant plus les obstacles qu'il comptait moins sur lui-même pour les surmonter, et que, suivant le conseil de l'Apôtre[1], son humilité aussi bien que sa foi le jetaient à corps perdu dans le sein de Dieu qui, l'ayant appelé au travail, devait le conduire au succès, et l'y conduisait en effet.

Car la bénédiction du Ciel l'accompagnait partout, et l'on se plaisait à répéter, de son temps, qu'il avait le privilège de réussir à son gré. En effet, ces créations, à peine sorties du berceau, étaient déjà fortes et prospères; dans la suite, elles n'ont cessé de se développer avec le temps et de s'affermir de plus en plus : de telle sorte qu'elles ne nous étonnent pas seulement aujourd'hui par leur multiplicité, mais aussi par leur extension et leur solidité, que l'action d'un humble prêtre a, pour ainsi dire, son contre-coup sur tous les points du globe, son retentissement dans tous les siècles, et que ses œuvres, innombrables, présentent encore ce double caractère, qui ne se retrouve guère dans les ouvrages des hommes, d'être universelles et indestructibles.

Aussi bien, celui qui les a conçues et exécutées est-il un maître de premier ordre parmi les organisateurs et les hommes d'action. Les facultés supérieures qui lui donnent droit à ce titre, et qui se trahissent sous tant de formes et si fréquemment dans sa vie, n'ont peut-être jamais paru d'une manière plus saisissante ni avec plus d'éclat que dans ce qu'il fit un jour à Mâcon. Cette ville était infestée par une multitude de mendiants, plongés dans la plus affreuse misère et dans les vices les plus révoltants,

---

1. I Petr., V, 7 : *Humiliamini igitur sub potenti manu Dei... omnem sollicitudinem vestram projicientes in eum, quoniam ipsi cura est de vobis.*

et dont le nombre et la dépravation étaient une perpétuelle menace pour l'ordre public. On n'avait pas osé jusque là, dans la crainte d'une émeute, essayer de réprimer les excès de ces bandes, presque redescendues à l'état sauvage. Muni de l'autorisation de l'évêque et des magistrats, Vincent se met à l'œuvre et commence à appliquer tout un plan d'organisation qui embrassait à la fois les pauvres et les riches, rangeant les premiers en différentes classes et les assujettissant à certaines règles, en vue de leur assurer les secours nécessaires et de les retirer de leurs désordres; enrôlant les seconds dans des associations qui permettaient à chacun de contribuer, selon ses aptitudes et sa condition, à l'assistance ou à l'instruction des indigents. En moins de trois semaines, la tentative avait porté ses fruits : on ne voyait plus dans les rues ces troupes errantes qui étaient la terreur des habitants; des centaines de pauvres, logés, nourris, visités, étaient revenus au respect d'eux-mêmes et au sentiment de leurs devoirs; l'ordre et la sécurité avaient repris possession de la ville, entièrement transformée. N'est-ce pas le triomphe de ce que saint Paul a si bien nommé, d'un mot que nous avons déjà cité, mais que nous pouvons, que nous devons répéter ici, le génie de la charité, *charitatis ingenium?* Il le possédait, et au souverain degré, l'auteur de tant de fondations, de tant de règlements, dont on s'est inspiré ou que l'on a imités, toutes les fois que, depuis bientôt trois siècles, on a entrepris de soulager l'humanité, de l'affranchir de quelque misère ou de la relever de quelque dégradation, et qui font de Vincent de Paul le moderne législateur de la bienfaisance chrétienne.

Cependant, nous n'aurions pas dit le dernier mot sur les causes de l'extension et de la durée de ses œuvres, si nous nous bornions à rappeler qu'il fut un organisateur de génie. Pour saisir le principe de l'incroyable vitalité de tout ce qui est sorti de l'intelligence et du cœur de saint Vincent, il faut remonter plus haut, jusqu'à l'origine du seul établissement qui soit vraiment catholique et immortel ici-bas; il faut se rappeler cette grande parole de Bossuet : « Dieu a fait un ouvrage au milieu de nous, qui, détaché de toute autre cause, et ne tenant qu'à lui seul, remplit tous les temps et tous les lieux, et porte par toute la terre, avec l'impression de sa main, le caractère de son autorité : c'est Jésus-Christ et son Église [1]. » Or, ce qui est vrai de Jésus-Christ l'est aussi de ses saints, tout remplis de ses lumières et de sa vertu, qui sont ses organes et ses instruments, et dont l'action est si efficace et l'influence si puissante, parce qu'ils s'appuient sur Celui dont ils exécutent les ordres et dont ils servent la gloire. Ce qui est vrai de l'Église l'est aussi de ces institutions et de ces œuvres qui, nées dans son sein, sous l'inspiration de son divin Chef, et devenues comme des pierres de ce vaste édifice, lui empruntent ses caractères et partagent sa destinée. Vincent de Paul est un saint dans l'Église de Dieu : voilà le secret de sa puissance et de la fécondité de ses œuvres. Elles sont toutes marquées du sceau auquel on reconnaît les œuvres voulues de Dieu, et qui, vivifiées par son esprit, sont toujours soutenues par sa main. C'est de Dieu et de son expresse volonté qu'il les avait reçues, sous son impulsion qu'il les avait entreprises ; c'est sous sa conduite et sa bénédiction qu'il les a poursuivies et menées à bien. Attentif à n'agir jamais qu'en son nom comme en sa présence, il lui avait remis, on peut le dire, le gouvernement de toutes les œuvres qui dépendaient de lui, de toutes les âmes dont il avait la charge. Il fut longtemps sans donner une règle écrite à ses deux familles religieuses, de peur qu'elle ne fût l'expression de ses propres pensées, plutôt que celle des vues de Dieu sur ses enfants. Lorsque, deux ans seulement avant de mourir, il réunit ses missionnaires pour leur distribuer ces constitutions qui devaient les régir partout et toujours, il pouvait

---

1. Bossuet, *Oraison funèbre d'Anne de Gonzague*.

dire qu'elles s'étaient faites comme d'elles-mêmes, avec Dieu et le temps pour auteurs. Aussi, quelle religieuse solennité dans cette scène du 17 mai 1658, l'une des plus grandioses et des plus mémorables que nous offrent les annales de l'Église! Ce patriarche plein de jours et de mérites, s'avançant, soutenu par deux de ses enfants, au milieu de ces prêtres vénérables, blanchis déjà pour la plupart dans le service des âmes, et, derrière cette assemblée si imposante par elle-même, ces longues générations d'ouvriers évangéliques et de saints religieux, présentes à la pensée du père et de ses disciples, et qui devaient, à travers les siècles et dans le monde entier, vivre sous la même loi et faire connaître les mêmes vertus : comment ne pas être saisi d'émotion à ce spectacle, comment ne pas sentir qu'il s'accomplit, en ce moment, quelque chose de grand pour le bien des âmes et pour la gloire de Dieu, surtout lorsqu'on entend, bientôt après, le saint vieillard faire à genoux cette prière : « Seigneur, qui êtes la loi éternelle et la loi immuable; qui gouvernez par votre sagesse infinie tout l'univers; vous de qui les conduites des créatures, toutes les lois et toutes les règles sont émanées comme de leur vive source : ô Seigneur! bénissez, s'il vous plaît, ceux à qui vous avez donné ces règles et qui les ont reçues comme procédant de vous! Donnez-leur, Seigneur, la grâce nécessaire pour les observer toujours et inviolablement jusqu'à la mort! » Ne comprend-on pas maintenant d'où vient la force de Vincent de Paul? d'où vient que les monuments de son zèle et de sa charité sont à l'épreuve des efforts du temps et des injures des hommes? C'est qu'il y travaillait comme il vivait, en Dieu, pour Dieu et par Dieu. C'est qu'il était de ceux dont saint Jean a dit : « Qui demeure dans l'amour, qui fait les saints, demeure en Dieu et Dieu en lui [1]. » Dès lors, suivant la

---

1. I Joan., IV, 16 : *Qui manet in charitate, in Deo manet, et Deus in eo.*

belle remarque d'un pieux évêque[1], étant en Dieu et le portant en lui même, « il était à la source de tout bien, source nécessairement universelle et intarissable ; universelle pour couler partout et intarissable pour couler toujours. »

Aussi, parcourez toutes les parties du monde : vous y trouverez le nom et les œuvres, les enfants et les bienfaits de saint Vincent de Paul. Déjà, de son vivant, de l'Irlande à Madagascar, des côtes de la Bretagne aux confins de la Pologne, il avait envoyé ses fils et ses filles à la recherche et au secours de toutes les souffrances. Aujourd'hui, ils ont traversé toutes les mers, affronté tous les climats, évangélisé et assisté toutes les races. Et si le zèle qui les enflamme et la grâce qui les soutient les portent ainsi sur tous les rivages, l'esprit qui les anime et qui respire dans leurs paroles et dans leurs actes les fait accepter de tous les peuples. C'est, en effet, l'esprit de Jésus-Christ, et Jésus-Christ est fait pour tous les hommes. Aussi a-t-il trouvé partout des disciples et des adorateurs. Les distinctions de race, de couleur, de mœurs, qui avaient pu ébranler dans certaines intelligences la croyance à l'unité de l'espèce humaine, s'effacent et disparaissent devant lui, et l'unanimité des hommages qu'il reçoit en tous lieux proclame à la fois la fraternité de toutes les âmes et son empire sur elles. Cependant, il a souvent rencontré des préjugés et des aveuglements qui l'ont empêché de se faire reconnaître tout de suite et écouter sans résistance. C'est pourquoi, si sa doctrine et sa morale ne changent pas, si elles sont la lumière de tous les esprits, la règle de tous les cœurs, la manière dont il convient de les annoncer n'est point partout ni toujours la même. Comme le disait éloquemment,

1. Mongin, évêque de Bazas, cité par Louis Veuillot dans l'Introduction de *Saint Vincent de Paul et sa mission sociale,* par Arthur Loth.

vers le milieu de ce siècle, un des plus éminents successeurs
de saint Vincent de Paul, « ce n'est pas le ministère de la
parole qui pourra amener à la vraie foi les musulmans,
pleins de mépris pour le nom chrétien, ni les hérétiques, qui
sucent avec le lait la haine du catholicisme, ni les Chinois,
dont toutes les pensées sont absorbées dans la matière. Il
faut à ces peuples quelque chose qui frappe les yeux, qui
étonne l'esprit, qui commande l'estime et l'admiration. Il
faut une forme de prédication qui aille à leurs cœurs. Ce
genre de prédication, nouveau pour eux, c'est la charité,
dans les conditions posées par saint Vincent[1]. » Mais cette
prédication par la charité est partout de mise, partout intel-
ligible et convaincante. Quel que soit le peuple devant
qui elle se fasse entendre, il semble qu'elle en parle la lan-
gue maternelle ; elle ne peut y paraître étrangère, bien moins
encore ennemie. Allez donc, mes sœurs, volez vers toutes
les plages où l'ignorance et la misère vous appellent ; si
vous êtes fidèles à l'esprit de votre saint fondateur, qui n'est
autre que la charité de Jésus-Christ, cet esprit vous natu-
ralisera dans tous les pays de la terre.

Universelles, les œuvres de la charité de Vincent de Paul
sont encore indestructibles. Nouveau prodige, nouvelle
preuve de la surnaturelle vertu de l'Église, qui a béni leur
naissance, secondé leurs développements, et qui incessamment leur fait part de ce principe de vie immortelle, qu'elle
tient elle-même de son divin Fondateur. Tout s'use et périt
ici-bas. L'homme, à peine né, commence à mourir ; chaque
pas qu'il fait dans la vie est un nouveau pas vers la tombe.
Les ouvrages de ses mains s'altèrent et se décomposent
insensiblement, et, à défaut de toute autre cause, le temps
suffit à lui seul pour les consumer et les détruire. Le poète
l'a dit il y a longtemps, une loi fatale entraîne vers la déca-

1. M. Étienne, *Notice sur le rétablissement de la Congrégation de
la Mission.*

dence et les hommes et leurs créations, et les fait peu à peu disparaître tous ensemble dans la mort :

Sic omnia fatis
In pejus ruere et retro sublapsa referri.

Mais l'Église est toujours debout, dans toute sa jeunesse et dans toute sa force, au milieu des ruines du monde, et les lois du temps ne sont point faites pour elle. Dieu lui a communiqué cette immutabilité en vertu de laquelle il est toujours le même et ne vieillit jamais; à son tour, elle la transmet à ses saints et à leurs œuvres. Les saints sont immortels, en effet. En apprenant que Vincent de Paul venait de rendre son âme à Dieu, Anne d'Autriche s'était écriée : « L'Église et la France viennent de faire une grande perte[1]. » Mais il était de cette lignée d'hommes privilégiés qui se survivent à eux-mêmes, et de qui l'on a dit qu'ils ont deux existences, l'une naturelle et transitoire, l'autre posthume et qui ne doit pas finir. La France ni l'Église ne le perdront jamais : il y est toujours d'autant plus vivant, d'autant plus agissant, qu'il puise dans le sein de Dieu même un plus grand zèle pour le bien, une plus grande puissance pour l'accomplir. Déjà, lorsqu'il était sur la terre, quelle irrésistible action n'exerçait-il pas sur les âmes! Parce qu'il était un saint, il les attirait toutes à lui, et, comme l'a si bien dit un célèbre écrivain de nos jours, après lui avoir tout donné, elles se donnaient elles-mêmes, elles venaient le trouver et lui disaient : « Me voici, je n'ai plus de patrie, plus de famille, plus de volonté. Je suis à Dieu par vous, disposez de moi selon la volonté de Dieu. Mettez-moi au service des pauvres, des forçats, des esclaves; envoyez-moi au martyre. » Il prononçait, et l'on obéissait. Et maintenant qu'il est mort depuis plusieurs siècles, de tous les coins du monde et de tous les rangs de la société, des hommes saints, des vierges pures viennent encore tous les jours faire cette

1. Arthur Loth, *Saint Vincent de Paul et sa mission sociale.*

offrande à son tombeau [1]. Ils y viennent en rangs si pressés, que les successeurs du saint craignent d'en connaître le nombre et se refusent à faire le recensement de tout ce peuple rangé sous les lois du dévouement et de la charité, pour n'être pas tentés de vanité, et « de peur, disent-ils, de commettre la faute pour laquelle le saint roi David a été si rudement châtié [2] ».

Ainsi la gloire de saint Vincent ne cesse de grandir avec son influence et avec ses œuvres. De toutes ces célébrités et de toutes ces grandeurs, devant lesquelles, de son vivant, il se trouvait si petit et s'effaçait si humblement, les unes ont singulièrement pâli et se sont presque éteintes, les autres ne brillent plus que dans les souvenirs de l'histoire. Lui est toujours vivant sous nos yeux, dans tout l'éclat de sa sainteté, dans toute la puissance de son action, et parmi tous ces génies, toutes ces vertus même qui ont contribué à l'illustration de son siècle, je ne vois personne, je ne dis pas qui le surpasse, mais qui l'égale : il est aujourd'hui le plus grand des hommes de son temps.

Mais ce serait peu de le reconnaître et de le proclamer, ce serait peu d'avoir admiré et célébré son grand esprit, ses incomparables vertus, ses œuvres prodigieuses. Des éloges stériles ne seraient qu'un incomplet hommage rendu à sa mémoire. S'il se survit encore au milieu de nous, dans ses institutions et dans sa double postérité, c'est aussi pour nous attirer à l'imitation de ses vertus, de sa foi, de son humilité si simple, de sa charité si ardente, de son zèle et de son amour des âmes. Puissent ses exemples exciter notre émulation ! Puissent ses prières nous aider à lui ressembler ! Ainsi soit-il.

---

1. Louis Veuillot, *loc. cit.*
2. *Vie de M. Étienne,* par un prêtre de la Mission. C. xxviii.

PARIS

IMPRIMERIE D. DUMOULIN ET Cie

5, rue des Grands-Augustins, 5